KHUSHBU -E-MARYAM

GAJAL

Abdul

उल्फत-ए-आलम-ए-फानी :

आओ कुछ यादें मोहब्बत भी मनाया जाए।
दिल रोता है जो अपनों को न पाया जाए।

क्या जरूरी है लौट आए फिर से।
ओ अपने हैं उनको न सताया जाए।

उसकी यादें कुछ बरसें ऐसे तुर्बत पर।
बाद मरने के उसको न भुलाया जाए।

क्यों हसरत है याद रखे ओ तुझको।
गम के भूखों में अपनों को न खाया जाए।

हमे तो इश्क़ है और ओ सवाल करें।
क्या जरुरी है की कहके बताया जाए।

चलो मान लो हमने नहीं बुलाया तुमको।
दिल के आवाज़ को कानो से सुनाया जाए।

तेरे सिकवे को आँखों में पढ़ा था मैंने।
और फिर यूँ हुआ रिश्ते को भुलाया जाए।

मेरा दोस्त जो करता था मोहब्बत हमसे।
उसी ने कह दिया ये मर्ज न पाला जाए।

एक बात जो अब तक नहीं समझ आया।
वो दोस्त कैसा जो बाहों से भी टाला जाए।

किसी के याद से मरता हूँ कयामत तो नहीं है।
अभी जीता हूँ इससे न निकला जाए।

ओ भी क्या दिन था जब रोज़ सहर होता था।
इसी गली से जनाज़े को निकाला जाए।

हस्ते हस्ते कुछ गम भी उठाए हुए हैं।
मेरा जिस्म कई कंधों पे संभल जाए।

इतना आसां न था यहां से जाना।
साथ अब्दुल के कुछ नाम निकाला जाए।

ख्याल ए उल्फत:

सुहानी रात मोहब्बत की ऐसे गुज़री।
सोचता था और सोच ही तो मुकरी है।

हाँ !मैं ग़लत था उस ज़माने के वास्ते।
जिस के वास्ते उसकी तबियत निखरी।

ये आमाल में लिखा था क्या करे मुर्सद।
गलती उसकी क्या जिसमे जान उतरी है।

रहीम सोचता हूँ और क्या सोचूं।
सोच-सोच के सोचों में रूह निकरी है।

वफ़ा तो हम भी कभी कर न सके अब्दुल।
और ख्याल अपनी भी कहां सुथरी है।

मैं फ़ना हो रहा हूँ।

रफ्ता रफ्ता मोहब्बत में फ़ना हो रहा हूँ।
दर्द बढ़ता है और मैं न हो रहा हूँ।

मेरे मर जाने से कुछ नहीं मतलब तुम को।
सो सस्तगी से मैं अब तना हो रहा हूँ।

मुर्सद इंसान था मै भी कोई पत्थर तो नहीं।
पानी आया सर तक तो अना हो रहा हूँ।

कितने हसरत से बुलाया था उसने उजरत पर।
ज़रूरत हो गया पूरा तो मना हो रहा हूँ।

तेरे इश्क़ में आना तो मुक़द्दर था रहीम।
हुआ कुछ नहीं लेकिन मैं फना हो रहा हूं।

तस्वीर -ए -मोहब्बत :

तेरे तस्वीर ए मोहब्बत को हमने फाड़ दिया।
तेरी हर नक्स इस तरह मिटाई मैंने।
जैसे चाहा न हो भवरें ने कभी उस गुल को।
पल भर में यूं हर याद मिटाई मैंने।

रोता रहता गर यादें बचा कर रखता।
सीने पे तेरी उल्फत जो सुला कर रखता।
मुमकिन था तू भूल भी जाता हमको
और मैं होता जो मद्दत से भुलाता रहता।

तेरी याद अगले जनम मनाएंगे।
क्या तेरे वास्ते फिर लौट के आएंगे।
मुमकिन है खुदा तेरी कोई दुआ सुनले।
तो फकत इस लिए हम इश्क़ में मारे जाएंगे।

उख़ुव्वत यूँ मेरे दिल से उभर कर आई।
रफ्ता रफ्ता सहरा से संभल कर आई।
यूँ तिस्नगी थी की बढ़ के कदम चूम गई।
लहू से अश्क़ ए मोहब्बत जो निकल कर आई।

कोई पहली मोहब्बत थी जो बुलाने जाता।
बहती दरया में मै अश्क़ ब्याहने जाता।
उसकी मर्जी जाना था सो जा निकली।
मै हाथ पकड़ उसको मानाने जाता।

अब ऐसे मोहब्बत का भरम रक्खा जाये।
जिन्हे कोई इनायत भी नहीं याद रही।
भूल जाना ऐ यार मैंने अच्छा जाना।
उसे मेरी सराफत भी नहीं याद रही।

सोच अब्दुल मोहब्बत जो परिंदा होता।
बस्ता आसमां में और सदा जिन्दा होता।
हम बेचारों की कभी न ये हालत होती।
न इश्क़ होता और न ये निंदा होती।

बयां कर न सका :

इक आशिक़ जो हसरत को अयाँ कर न सका।
किसी के इंतिहा उल्फत को बयां कर न सका।

फकत इस लिए अपनों ने उसे छोड़ दिया।
रिस्ता दो चार लफ्जो से नया कर न सका।

यूं तो दुनिया में कई लोग मनाने आये।
क्या जाता जो खुद से वफ़ा कर न सका।

मै तो माना उल्फत हमे करनी नहीं आई।
क्या कहे जिसे आता था ओ मगर कर न सका।

दोस्त कहते उल्फत होगी तो लौट आएगा ओ।
ये गुमा वो करे जो दिल से खता कर न सका।

मोहब्बत होती ये है अब माना मैंने।
जाता रहा दिल से जो आता हो न सका।

मोहब्बत केवल खुदा की कुदरत है।
इस वजह से जहां को ये फ़तह हो न सका.

जिसने पाया उसने खुदा के रहमत से।
जिसने चाहा उसको ये अता हो न सका।

मिस्ले आदम हम मारे मारे फिरते रहे।
रब से मांगे हमसे ये खता हो न सका।

मालूम था दुआएं रद्द नहीं होती मेरी।
जहां मांगु कैसे ये सका हो न सका।

उम्मीद है वो आएगा मेरे जहां में जरूर।
अफ़सोस ये है वो हमसे फ़तह हो न सका।

मरते दम तक हम उससे मोहब्बत भी करें।
और याद आने पर कोई सयां हो न सका।

मिस्ले ईद हम याद मनाएं उसकी।
सुहानी वक्तों का भी उसपे अयाँ हो न सका।

उसके आने पे अपनों में कहां होते अब्दुल।
उसके जैसा कोई और अदा कर न सका।

आशिक़ी करना :

कभी तितली कभी फूलों से दोस्ती करना।
हाँ !हमे आता था बचपन से शायरी करना।

उसे लगता था यादों से बिख़र जाऊंगा मैं।
मैंने सीखा था खुश्बू से आशिक़ी करना।

मैं तो ओ हूँ जिसे अपने भी न याद रहे।
क्या याद रखते गैरों से दिल्लगी करना।

याद इतना है कोई आया और जाता रहा।
हमे आता नहीं अपनों को हमनशी करना

सुहानी लम्हों में याद भी वही आई।
जिसे आया नहीं अब्दुल से दोस्ती करना।

ओ लोग और थे जो औरों पे जान देते थे।
हमको आता नहीं ख्वाबों का पैरवी करना।

हजारों लोग थे जिनको हमसे चाहत थी।
सो उनके फितरत है झूठी मोहब्बतें करना।

किसी अजनबी से हमको बड़ी चाहत थी।
उसकी आदत थी हम से निफ़ाक़ते करना।

किसी के वास्ते जीना तो नहीं आया मुर्सद।
अगर्चे आ गया सबसे बग़ावते करना।

हाँ !सच है शायर तो नहीं हूँ लेकिन।
हमको आता नहीं सब की सिफारिशें करना।

कोई शख्स जो साम तक नहीं ठहरा।
अब्दुल सीखा है ज़माने में गर्दिशें करना।

उल्फ़त -ए - आख़िर :

क्या जरुरी है इश्क़ में तड़पते रहना।
उल्फत मुझसे है यार मेरे हस्ते रहना।

दिल भर जाए तो छोड़ के जा सकते हो।
क्यों साथ इक के औरों को तड़पते रहना।

ये मोहब्बत तो कयामत तो नहीं है लेकिन।
हां! इश्क़ गर हुई तो जान से तकते रहना।

क्या ? चाहत लखते हो सारे ज़माने से।
फिर आह ! लेकर हाथो में भटकते रहना।

मुसलसल दर्द गर तुम से न सही जाये।
तो याद करना मुझे राह मेरी तकते रहना।

तेरे उल्फत में मैंने नहीं शरीक किया।
अगर्चे सोच लो और सोच के बकते रहना।

गर वो कह दे रहीम आज फ़ना हो जाये।
तन्हा तन्हा मेरे दुनिया में तू तकते रहना।

मेरी बेटी :

कुहुकती सी कोयल खामोश लगती है।
पी के ज़ाम मौत का मदहोश लगती है।

मीठे सुर में आज क्यों गति नहीं है ये।
सोती सी अपने महल में रूपोश लगती है।

चमकता चाँद आज मुरझाया हुआ है क्यों।
तेरी उल्फत आज क्यों बेलोश लगती है।

बाबा कह कर आज बुलाती नहीं बेटी।
इसे कुछ नहीं होगा फकत बेहोश लगती है।

हमने तो तेरे हाथों की रोटी नहीं खाई।
तेरे चेहरे पर हमे कुछ रोस लगती है।

तेरे बाबा आए हैं अब मांग ना अंडे।
बस खामोश है तिफ्ली नौहोंश लगती है।

ऐसी सरारत कोई बाबा से करता है।
चल उठ जा तेरी पुतली क्यों बेज़ोश लगती है।

इस छोटे से घर में अकेले ही सोयेगी।
लोगों ऐसा करो नहीं डर बहोत लगती है।

ये सफ़ेद कपड़े इसे अच्छे नहीं लगते।
इसे हाथों उठाने दो ये मिट्टी बहुत लगती है।

मेरी बेटी को बाहों में जरा कुछ देर रहने दो।
नहीं मिट्टी में मत डालो जरा बेहोश लगती है।

मेरी हस्ती बेटी के तुम कब्र बना डाले।
उठके वो रोयेगी अभी खामोस लगती है।

वो तिफ़्ल है इस लिए तुम ज़ुल्म करते हो।
मेरे कानों में कुछ कहती सी सरग़ोश लगती है।

शाम -ए –उल्फ़त :

तेरी खुशबू भीनी भीनी थी।
मेरी आदत भी कमीनी थी।

यूँ मै भी देखता रहा मुर्सद।
गोया सपनो से जान छीनी थी।

पारसाई में मिस्ले मरयम।
हाँ !देखों तो आबगीनी थी।

उसे लगता था वो यहीं की है।
और जन्नत में उसको जीनी थी।

गोया माया ही रह गई उल्फ़त।
जो थी दिलकशी वो सूनी थी।

मैंने कुछ लफ्ज़ ही कहा उससे।
उसे लगती थी इक कहानी थी।

रोज शामों में दर्द उठता था।
और सुबह मेरी सुहानी थी।

ख़बर हो गया की चाहत है।
सो अब जिंदगी गवानी थी।

ये पलक जो उठती गिरती है।
मेरे आँखों से अश्क़ छीनी थी।

जो दिल में है कह नहीं सकते।
अगर्चे जख्मों को मैंने सीनी थी।

रहीम कुर्बत तो मै नहीं पाया।
हाँ !आँखों से अश्क़ बीनी थी।

आशिक़ –ए –जां :

अब याद रह रह कर नहीं सताती है।
ये सितम भी ज़रूरत पे नहीं आती है।

और बात थी तू अगर हसीं होती।
फ़ाख्ता क्यों पेड़ों से पर हिलाती है।

वो मा हे रू मेरे नजर से थी।
उसे लगता था जगमगाती है।

ऐसी दुनिया थी जिसमें मै न था।
वो भी दरया सी बहती जाती है।

मेरी वहसत उसकी उल्फ़त थी।
ऐसे दर्दों से इश्क़ जाती है।

हाँ !आशिक़ ने खुदकुशी कर ली।
और माशूका मुस्कुराती है।

अब्दुल तू जो याद तक नहीं करता।
हमारे शहर में यादों से जान जाती है।

आलम –ए –इश्क़ :

लगता है उल्फ़त भी कुछ होता है।
आलम ए फ़ानी में चाहत भी कुछ होता है।

ऐसा लगता है बाजी कोई मार गया।
क़ल्ब ए आशिक़ पे करामात भी कुछ होता।

महीनो बाद उठाया हूँ क़लम ए इश्क़।
हसीं मौसम में इरादा भी कुछ होता है।

दिल चाहा मोहब्बत ए जहां हो अब।
चाहत ए यार में कुछ अच्छा क़ज़ा होता है।

शबाब –ए – जमाना :

नहीं भूले हैं शबाब ए जमाना तेरा।
आमद ए बारिस पे होटों का कपकपाना तेरा।

तेरे बालों से झड़ते कतरा ए सबनम।
झपक के पलक से मोती का बहाना तेरा।

तेरे आरिज़ पर नज़रें ऐसे ठहरी हैं।
दूर होकर भी गुजरता है जमाना तेरा।

उम्मीद से तकती है हुजूम जानिब उसके।
गोया इक काम हो सर्वत का लुटाना तेरा।

तेरे यादों के सान्हें बनेंगे रहीम।
रूह पाता नहीं विशाल ए ज़माना तेरा।

माँ!

माँ!
अब और गुजरा नहीं जाता है।
दिल को जां से सम्भारा नहीं जाता है
माँ!
जब से भावंर में आये हैं।
कस्ती हमसे उतारा नहीं जाता है।
माँ!
शायद दूर है मेरी मंज़िल।
मगर तेरा सहारा नहीं जाता है।
माँ!
हमने जिद तो पूरी करली है।
तेरी यादों को टारा नहीं जाता है।
माँ!
सारी दुनिया हो और माँ हो अब्दुल।
अपनी माँ से किनारा नहीं जाता है।

फ़रयाद–ए –उल्फ़त :

समय बर्बाद कर लिया जाये।
चल उसे याद कर लिया जाये।

वो भुला चुका है कब का हमे।
फिर भी फर्याद कर लिया जाये।

गया ! तो उसको जाने दो।
ख़ुद को आबाद कर लिया जाये।

इक मुद्दत से यासयात में हो।
दिल को अब साद कर लिया जाये।

तेरे उल्फत से अब शिकायत है।
मेरा एत्माद कर लिया जाये।

खुद को तोड़ा है मैंने इस तरह।
जिससे बरसात कर लिया जाये। .

मेरी आदत बिगड़ गई अब्दुल।
अब जां से बारात कर लिए जाये।

मोहब्बत कुछ नहीं होता :

फकत लोगों का कहना।
दिलों का ये गहना है।
हमे खामोस रहना है।
और दर्दों को सहना है।
मोहब्बत कुछ नहीं होती।

किसी को याद कर लेना।
किसी के साथ चल लेना।
वहां से लौट के आना।
यादों से बिख़र जाना।
मोहब्बत कुछ नहीं होता।

ज़माने से अलग जाओ।
जहां दुनिया को न पाओ।
वहीं खुद में समां जाओ।
वगर्ना लौट कर आओ।
मोहब्बत कुछ नहीं होता।

कोई बाहों में आ जाये।
कोई यूही कसम खाए।
किसी को रहम न आये।
कोई घबराये सरमाये।
मोहब्बत कुछ नहीं होता।

अगर आँखों के जरया से।
कोई इशारे किये जाये।
और दिल के करीब आये।
आकर फिर चली जाये।
मोहब्बत कुछ नहीं होता।

कभी रातों को रो देना।
तकिये को भिगो देना।
दर्दों में पिरो देना।
अब्दुल को भी खो देना।
मोहब्बत कुछ नहीं होता।

तक़मील –ए –इमां :

मौलूद हुये हो जहां में दामे वालिद से।
ख़ल्क़ पाई है जहां में सच्चे ख़ालिक़ से।

जहां के रौब से लरजना नहीं अच्छा।
रिज़्क़ पाई है जहां में अपने राजिक से।

दुनिया की ख़ूबसूरती तुम्हें क्यों रास आती है।
पाई नहीं तक़मील इमां अपने अहमद से।

शेर से इंसान को तस्वीह देते हो।
इंसानियत क़बूल नहीं रब के कुदरत से।

अब्दुल फ़ानी दुनिया में महलें बनाना क्या।
बढ़ना क्यों चाहते हो तुम रब के सरहद से।

उल्फ़त–ए —आतिस :

मेरे मौला यूँ दीदार हुआ करे।
जितना मिले उतना दिल बेक़रार हुआ करे।

लोग समझें गैरों के दिलों का हाल।
बेज़ुबां का इस तरह इजहार हुआ करे।

हमे भी ज़ज़बा दे तू इश्क़ ए हक़ीक़ी का।
नज़र जब भी उठे तो बहार हुआ करे।

अब्दुल मोहब्बत हम क्योकर छोड़ें।
अदावत हो भी तो सुतार हुआ करे।

सलीम दूसरा बनना न मुमकिन है।
दुआ है जहां में यूँ प्यार हुआ करे।

अब्दुल सा पागल नहीं पाओगे ज़नाब।
अगर्चे रोज़ आप का इक यार हुआ करे।

माँ :

फ़ानी दुनिया में सच्ची आसरा पाई।
अपने माँ से हमने है दुआ पाई।

हसीनाओं के चौखट मै तर्क करता हूँ।
तलाश जिसकी थी हमने वो वफ़ा पाई।

नहीं जाऊंगा तबीबों के हाथ लगने मै।
तेरे कदमों में हर दर्द की सिफ़ा पाई।

किसी वक्ला की अब नहीं जरुरत हैं।
सही सटीक अपने माँ से फ़ैसला पाई।

सभी माशूक़ चाँद तारे तलब करते थे।
अपने माँ को तलबकरते ख़ाक न पाई।

करोड़ों लोग हैं जहां में किसी से क्या।
इक माँ हैं जिसे खुद से न जुदा पाई।

जिस अंजुमन में हर कोई अकेला था।
अब्दुल उस महशर में माँ से हौसला पाई।

तलब –ए –उल्फ़त :

लिखें जिंदगी या तेरा मुस्कुराना लिखें।
दिल कहता है खुदही को दीवाना लिखें।

बोल ऐ फ़रसे जमीं तुझसे है सवाल मेरा।
हराम लिखें तुझे या खुदा खाना लिखें।

तेरा मुस्कान ज़माने में कोन समझेगा।
इसे खुशी लिखें हम या गम खाना लिखें।

सितारे टूट कर फलक से जमी क्यों आये।
मंजर ए खौफ या उल्फ़त का फ़साना लिखें।

अंधेरी रात और ये फ़ज़ायें सूनी।
लिखें श्याही या नजरो का चुराना लिखें।

गुनाहे होती क्यों हैं ये आज जाने हम।
हदें जब टूट जाएँ तो इसे हया न लिखें।

हक़ीक़ी इश्क़ की खूबी बस इतनी होती है।
खुदा के अजमतों का फकत तराना लिखें।

अब्दुल ढूंढ़ता फिरता नाम ए मोहब्बत को।
हाँ! बहुत से नेमतें पाई मगर खुदा न लिखें।

सवाल –ए –उल्फ़त:

ज़माने को हमसे भुलाना क्यों नहीं आता।
गाना चाहते हैं हमसे ये गाना क्यों नहीं आता

भुला बैठे हैं उमरा आज अपनी तंग दस्ती को।
इन पर फिर गरीबी का ज़माना क्यों नहीं आता।

तुम्हारी इस्मतें नीलाम करते हैं बाजारों में।
औलाद ए आदम को ये गैरत क्यों नहीं आता।

मोहब्बत छोड़ सकते थे गर हम सुधर जाते।
हम पर सुधरने का तवाना क्यों नहीं आता।

सरेआम कत्ल करते हो तुम क़ल्ब ए इंसा को।
मुज़ाहिद नाम रखते हो हया क्यों नहीं आता।

तराना ए इश्क़ जहां में गूंजते अब्दुल।
दुआएं कीं अब तक बसारत क्यों नहीं आता।

तुम्हारा नाम लिखा और ज़माने से कहा अब्दुल।
हमे इश्क़ भी करने की आदत क्यों नहीं आता।

लाज़िम–ए –उल्फ़त :

हम इश्क़ का इब्तेदा करते हैं।
कई नासूरों का दवा करते हैं।

गए शहनाइयों के ज़माने तू गया बिस्मिल।
अब देश में डंके हर वक़्त बजा करते हैं।

दूर और नजदीकी का यहां क्या मतलब।
इश्क़ वाले पल पल साथ रहा करते हैं।

तमन्ना हमारी थी कि देखूं दुनिया।
परे थे इससे गुमसुदा लोग रहा करते हैं।

सच है इश्क़ मोहब्बत पे दुनिया क़ायम है।
ये सिर्फ़ आफत है कुछ लोग कहा करते हैं।

अकेले देख आपने तन्हा समझा था।
दिल ए आजार में कई दुनिया बसा करते हैं।

पूछते क्या हो हम भी समझते हैं अल्फ़ाज़।
ये अलग़ बात है ख़ामोश रहा करते हैं।

हमें मालूम है हक़ीक़त बुरी लगती है।
हक़ बात हम फिर भी कहा करते है।

चाल में मत आना नफ़्स है जालिम अब्दुल।
हाय बदबख्ती गुनाहों में बहा करते हैं।

दुआ–ए—उल्फ़त :

दुआ है मेरा तेरा इश्क़ अधूरा नहीं होगा।
बिना माँ बाप कोई इल्तिज़ा पूरा नहीं होगा।

रूठना इस तरह अपनों से अच्छा नहीं मुर्सद।
जहन से सोच कर देखो कुछ अधूरा नहीं होगा।

जानते हैं कुछ पाठ हमने भी किया था।
हम जाहिलों से सीखो कुछ बुरा नहीं होगा।

उल्फत सच्ची रखते हो हम तस्लीम करते हैं।
लिखा लिखाया पन्ना है कोई कोरा नहीं होगा।

खुदा का फजल होगा तो मोहब्बत मिल ही जाएगी।
वो काम कौन सा जो रब से तेरे पूरा नहीं होगा।

दुआ मेरा है तुझ पर तेरा जायज मोहब्बत हो।
उससे माँगा है जो दिल कभी तूरा नहीं होगा।

समझो जरा घर वाले ही अपनी दुनिया हैं।
मिस्ल ये तिफ़्ल मांगो कुछ भी अधूरा नहीं होगा।

आरज़ू –ए –उल्फ़त :

मैं छोटी काली हूँ मुझसे बू नहीं मिलती।
चमन नाम भर का है यहाँ खुसबू नहीं मिलती।

ये नेकों की दुनिया है यहाँ फरिस्ते बास्ते हैं।
गुनाहे करते हैं फिर भी कोई अंशू नहीं मिलती।

चाहत सभी रखते हैं यहाँ अपने अपनों की।
ये सच्ची बात है ऐ इश्क़ जल्दी तू नहीं मिलती।

नफ़्स चढ़ जाये सर तो रहीम ये हक़ीक़त है।
हजार कोशिशें करने पर काबू नहीं मिलती।

थकी जब लैला ढूंढकर बोली कहां थे क़ैश।
दीदार मैं भी तालिब हूँ पर तू नहीं मिलती।

दोस्ती तोड़ देते हैं कही दुनिया जो मिल जाये।
जल्द इस लिए दुनिया में सुर्खरू नहीं मिलती।

देखते हैं आप भी नमाज पड़ते हो।
दुआ करो उनके लिए जिन्हे रुकू नहीं मिलती।

तुम्हें इश्क़ है उनसे तो क्या सबको बताओगे।
ऐसे इश्क़ को मुर्सद कभी सुकूँ नहीं मिलती।

हमने पारसाएँ बहुत देखि है ज़माने में।
मगर फातिमा ज़हरा सी ख़ातू नहीं मिलती।

इक गुलाबी रंग ही मुझको बहुत भाया।
इससे जिग़र रंगने की जादू नहीं मिलती।

ख्वाब देखा और बताया नहीं अब्दुल।
क्या जियें जब जिंदगी में तू नहीं मिलती।

खुशबू–ए– मरयम :

नज़र उठने पर तारा नजऱ आता है।
इक यही है जो सहारा नजर आता है।

चूस कर पी गया जालिम जिगर का पानी।
फिर भी यही इक हमारा नजर आता है।

हमे मालूम नहीं डिग्रियां कितनी हैं।
हासिर ये है आखिर में क़ब्र आता है।

लुटेरों की दुनिया भाई यहां क्यों भीक देते हो।
बादशाह होकर फकीरों सा नजर आता है।

ग़ुरबत को लूटी है इस आलम ए फनी में।
ग़रीब वो है जिसे गैरों पे तरस आता है।

हैं माँ बाप भाई बहन इन में जी नहीं सकते।
देखें तुम्हारे इश्क़ में कितना असर आता है।

ज़माने भर में कही खुश्बू ए मरयम नहीं पाई।
अब्दुल गुज़रे ज़माने से पलट कर उमर आता है?

ख्याल –ए– उल्फ़त :

मै मासूम नहीं मुझपे न एतमाद करो।
यार दिल तोड़ो मेरा और यूँ बर्बाद करो।

अभी इब्तदा थी और ये हाल हो गया।
पहले तुम इश्क़ करो फिर कोई फर्याद करो।

तुम्हें मालू है कितना तड़पना पड़ता है।
मुकम्मल कैदी बनाओ या मुझे आजाद करो।

ये फ़नून हमने ज़माने से सीखा है।
गर कोई यार रखो उसको तुम याद करो।

मय्यत –ए –जां :

लोग एक रखते हैं यहां सभी यार हैं मेरे।
मुझको इनसे चाहत है यही सब प्यार हैं मेरे।

हम ढूंढते फिरते नहीं आवारा लोगो को।
चाहत जिनसे रखता हूँ सभी होशयार हैं मेरे।

यासयात में इक पल नहीं गुजरे मुर्सद।
अक्सर देखता हूं वो सभी गमख्वार हैं मेरे।

हमेशा खौफ रहता है ज़माने के यज़ीदों से।
पड़ोस में बसे हुए अग्यार हैं मेरे।

डरता नहीं हूं मै ज़माने के शियासत से।
हक़ कहने को दोस्त भी तैयार हैं मेरे।

ख़त भेज सकता था अगर मिलता बहाना जो।
इक राजदाँ बिछ्ववलिये के इंतजार हैं मेरे।

अब्दुल मरते क़िस पर हो ज़माने ने नहीं पूछा।
और मय्यत उठाने के लिए तैयार हैं मेरे।

राह –ए –उल्फ़त :

छोड़ते क्यों नहीं फ़जूल अफवाहें।
सोचो खुदसे सुधार लो राहें।

इक इंजेक्शन से इतना सरते हो जनाब।
तलबे जिश्म है जां की नहीं परवाहें।

रिस्वत लेकर पेपर बना रहे हो क्या।
सुनों जनाब इसकी नहीं हमें चाहें।

इक सिरिजी से आप इतना डरते हैं।

आशिक़ –ए– गुल:

न पूछो मेरा हाल की मै रो सकता हूं।
मोहब्बत का हैं खुमार मैं रो सकता हूँ।

घबराहट और बेचैनी का।
पहरा है बेसुमार मै खो सकता हूँ।

मेरे सर और मेरे आँखों में।
अजब दर्द का है मार मै सो सकता हूँ।

बात करते हुए देखा तो कहा देखे जाऊं।
ऐसा क्या मुझमे है यार मै सुन सकता हूँ।

उनको कई बार देखा बेहिजाब ऐसे।
जैसे पर्दे से हो बेजार मैं कह सकता हूँ।

सुना है आंसू भी बहुत आते हैं उन्हें।
आप बड़े हैं फनकार समझ सकता हूँ।

ये हसने की आदाएं नहीं जीने देती।
ले जाते हो क़रार मै मर सकता हूँ।

इश्क़ है जनाब कोई अजब नहीं।
इजतरावी हैं हालात मै सह सकता हूँ।

इक कुन से फ़ना हो जाये अब्दुल।
अँधेरी हो अगर्चे गार मैं रह सकता हूँ।

इश्क़ –ए -बला :

ऐ काश हर लम्हा इक कहानी होती।
मैं होता और वक़्त भी सुहानी होती।

तू भूल गया मै भूल नहीं पाया लेकिन।
मै भूलता भी तो भूल मेरी फ़ानी होती।

चाहत नहीं मुर्सद इसे इजहार समझो तुम।
उल्फ़त हम भी रखते हैं हमे भी यार समझो तुम।

क्या मिलना मिलाना और ये रुस्वाइयाँ कैसी।
जनाब इश्क़ वाले हैं हमें खुद्दार समझो तुम।

इक चाँद जो रोज़ निकलता है।
फ़िर अक्सर शाम में ढलता है।

जब यादों के रस्ते चलता है।
और नजरों से बातें करता है।

कई राज़ छुपा कर रखता है।
और खुद से सब कुछ कहता है।

तू आदत है जो हटाई नहीं जाती है।
अगर हट जाए तन्हाई नहीं जाती है।

रुबरू होकर कुछ नहीं कहते तुझसे।
दूर हो जाय तो हाय नहीं जाती है।

तुम मोहब्बत हो सो एहतराम करते हैं।
वो तुम हो जिसमें हम क़याम करते हैं।

रहीम तुम्हारे लिए हमने कई वर्षों से।
आप के शहर में उम्रें तमाम करते हैं।

हिचकोल- ए -उल्फ़त :

दहन नहीं खोलेंगे जब तक तुम बोल न दो।
इज़हार कौन करेगा अगर तुम मौल न दो।

इश्क़ हजारों से कर सकता था मगर तुम।
एहसान है मेरा मुझे तुम पोल न दो।

क्या करोगे अगर खैराबाद कह दूँ।
मानों मेरा यक़ीन मुझ पे तोड़ न दो।

खाकी हूँ पत्थर मत समझना मुर्सद।
याद रखना मुझको तुम छोड़ न दो।

वैसे कौन किसी का ख़याल रखता है।
छलक सकता हूँ मुझे और हिचकोल न दो।

लोगों से सुना है छोड़ने पर सुलगता है दिल।
जल सकता हूँ तुम मुझे पेट्रोल न दो।

सर ख़म रखता हूँ तो तुम्हें यक़ीन नहीं।
जिगर में झांक कर देखो मुझे गम और न दो।

तलाश करते हो जहां में नया दिलवर।
यार रहने दो अपनों को यूं झोल न दो।

लोग यूं भूल जाते हैं पुरानी चाहत को।
अब्दुल खाओ ज़रा कसम मुझे झोल न दो।

इनायत -ए -उल्फ़त :

फिर सीखो तुम बच्चों से मोहब्बत करना।
वर्ना बेकार है ये तिफ़्ल से हरक़त करना।

मैंने माना की मुझसे मोहब्बत नहीं थी।
फिर आता था क्यों मुझपे इनायत करना।

ये उल्फ़त ए अदवी ज़माने वालों से।
फिर अपने ही लोगों से बग़ावत करना।

रात की रात गई और सुबह न आई।
हमें आता था हर वक़्त तिजारत करना।

उसे लगता था की शाम नहीं आती है।
हर लम्हे का जाना था बसारत करना।

नज़र -ए -उल्फ़त :

समझ सकते थे दर्द अगर उतरा होता।
नसये मे के मानिंद अगर उतरा होता।

हर किसी को अपने मतलब से मिलना।
ऐ काश कोई मेरे मतलब का मिल गया होता।

सभी खार थे यहां उल्फ़त में।
चमन में कोई फूल मिल गया होता।

अमीर देख कर यहां दोस्ती भी करते हैं।
जां दौलत से काश भर गया होता।

वो रहे मुद्दत से कल्ब पर बसे तेरे।
अब्दुल उनके नजऱ में बस गया होता।

तेरी तन्हाई :

जालिम तेरे चाहत का कोई चर्चा नहीं करते।
निगाहें अश्क़ बरसाती हैं पर सौदा नहीं करते।

दर्द जितना भी सहने का हौसला रखते हैं।
नाम ल़ब पर रखते हैं मगर हाँ नहीं करते।

देखा सुना समझा है तेरी तन्हाई।
यही सोचा तो नीद भी नहीं
आई।

तुम्हें क्या लगता है हम परवासी हैं।
कविला आला मेरा भी है अगर्चे कहा नहीं करते।

तेरे हर बात पे फेहरिस्त बना सकता हूँ।
इक शैर क्या हजारों गीत भी गा सकता हूँ।

जो न बोले वही बे सूरा है अब्दुल।
अपनी मौसिकी से दुनिया को सुला सकता हूँ।

बेचारगी पर क्यों न अब तरस आये।
तू इक जहां है ये कौन तुझे समझाए।

बहुत नाज है तुझे अपने तन्हाई पर।
मजमा बेहतर है ये तुझको हम्हीं दिखलायें।

ग़ज़ल क्या हम मर्सिया लिखते।
गम ए यूसुफ़ नहीं गम हुसैन का लिखते।

तड़पता दिल अगर खाकी बदन में मेरा।
यादे हुसेन से चाहत का माजरा लिखते।

वक़्त -ए -उल्फ़त :

ऐ काश हम पर भी यूं गुजरते वक़्त।
कहकशाँ चाँद से बढ कर मेरे सवरते वक़्त।

दिल डूब जाता है उल्फ़त के तलातुन में।
खुदा के फ़जल से मेरे न ढलते वक़्त।

तेरे सामने जो खड़ा हूँ नजर झुकाये हुए।
दर्द तुझमे नहीं काश तेरे बिगड़ते वक़्त।

दरूद भेजता रहता वो अपने आक़ा पर।
खुदा करे उसके भी सवरते वक़्त।

निज़ाम चलता अगर जहां में लोगो का।
सुबहो शाम हर बात पर बदलते वक़्त।

आरजू आप के यूं सराहते मुर्सद।
गमो आलाम में गर न यूं ढलते वक़्त।

कई खुशियों के ज़माने यहाँ देखे हैं।
कई अलम के ठोकर से लरज़ते वक़्त।

ज़माने ने कई रोज कसम खाये हैं।
हुआ क्या मगर लौट के न आये वक़्त।

फ़कीर ऐसे भी होते हैं जहां में साहब।
आह गर कर दी दुनिया के नहीं कटते वक़्त।

तवाइफ़ और अदाकारा से हमे क्या मतलब।
ज़मीर जिन्दा हो तो ज़माने में नहीं बसरते वक़्त।

रखदे गर काट कोई सर अपना।
बढ़ेगा और अब्दुल नहीं रुकेगा वक़्त।

शराफत-ए -उल्फ़त :

मिटाओ दिल से और सराफत भूल जाओ तुम।
जो कदर न करे उसकी मोहब्बत भूल जाओ तुम।

गर किसी के ठोकर से सीख मिलती है तुम्हें।
लगाओ दिल से उसको अदावत भूल जाओ तुम।

मानिंद तवायफ़ कोठे पे चढ़कर रक़्स करते हो।
बन इस्लाम का ख़्वाहां इमामत भूल जाओ तुम।

तरक्की याफ़्ता दुनियां में क्या क्या रंग बदलोगे।
नजरें उठाओ हरसू तनददुस भूल जाओ तुम।

गवाही कौन देगा महसर में इन नेक कामों का।
गुनाहों को छुपाने की ये आदत भूल जाओ तुम।

जमीं बर्दास्त करती है तेरे इन पापी कामों को।
यहाँ फिर से आनी है ये कवायद भूल जाओ तुम।

फ़ुहस बातें सुनने की यहाँ लोगो कि आदत है।
अब्दुल रब पे लिखने की सलाहियत भूल जाओ तुम।

नबी के इश्क़ में जलने के यहाँ सैकड़ों हामी हैं।
सिद्दीक उमर नहीं है इनकी हमीयत भूल जाओ तुम।

यहाँ दीन की बातें भला कौन सुनता अब्दुल।
सुनाने की जो चाहत है ओ चाहत भूल जाओ तुम।

जूनून–ए–उल्फ़त:

दार में रुस्वा हो जाऊं मैं।
उल्फत है तो बेहया हो जाऊँ मैं।

निसार रखता हूँ दिलों जां अपना।
मतलब ये नहीं फ़ना हो जाऊँ मैं।

बहुत हमने भी मिलाई है नजरें तुमसे।
ये न चाहो चकोर सा हो जाऊं मैं।

तुमको भी आता है मुस्कुराना हम पर।
बेवफ़ा दुनिया में चाँद सा हो जाऊँ मैं।

गैर महरम से ज़माने में कैसा रिश्ता।
अब्दुल गर बहके तो ख़ाक सा हो जाऊं मैं।

अश्क़–ए–उल्फ़त :

तूने सच में भुला दिया मुझको।
क्या दर से गिरा दिया मुझको।

कुछ अच्छा नहीं लगता है यार।
क्या दिल से मिटा दिया मुझको।

अब तू गिला न करेगा मुझसे।
इस हक़ से हटा दिया मुझको। .

मुझसे गुस्सा नहीं करेगा अब।
इतना अच्छा बना दिया मुझको।

सब छोड़ अब्दुल बता कैसा है।

उल्फ़त ए माया:

कौन ऐसे जिए जैसे मै जी रहा हूँ।
खूं जिगर निचोड़ कर हाथो से पी रहा हूँ।

आज ईद थी खुशी की तक़रीब थी।
मै खुशी के वक़्त गिरेबां को सी रहा हूँ।

रोज़ वो देखता है मगर इतना करम कहां।
आमाल ए बद पहले है गुनाहों में जी रहा हूँ।

रूठना भी आज हमने अजब देखा है।
उसी को याद करके रातों को पी रहा हूँ।

हुब्बे आलम बहुत सताती थी अब्दुल।
क़ल्बी लहू निचोड़ कर जख्मों को सी रहा हूँ।

रंजिश –ए– उल्फ़त:

तड़पते हो ख़रीद कर रंजिसे सारी।
कुछ हिस्से गुजरे उम्र न हुई सारी।

तमन्ना थी कि बलन्दी पाकर लौटूं।
उसको ढूंढ़ने के रस्ते न मिले सारी।

वालिदेन की मोहब्बते हक़ीक़ी में।
खबर न हुई कब उम्र कट गई सारी।

फ़न पर क्या लिखें इसे मतलब सिकम से है।
यही सोच सोच वक्त कट गई सारी।

तन्हा :

नहीं छोड़ो मेरा साथ की मैं तन्हा हूँ।
बिगड़ सकते हैं हालत की मै तन्हा हूँ।

नहीं सम्झ सकते बज़्म सजाने वाले।
होंगे कैसे मेरे जज़्बात की मैं तन्हा हूँ।

जिगर को गोंद रहे हैं तेरे सुनहरे हुस्न।
चीख पड़ते हैं जज़्बात की मैं तन्हा हूँ।

तेरे वो चाल गिलहरी से कोन भूलेगा।
अब तक हैं ये ख्यालात की मैं तन्हा हूँ।

दोस्ती बचपन की कैसे भुलायें अब्दुल।
सुनले ना मेरी फर्याद की मैं तन्हा हूं।

अदाकार हो तुम :

खुशबू हो रंग हो गुलजार हो तुम।
मेरे मोहब्बत के सिंगार हो तुम।

पारसाई तुम्हारी मिस्ले मरयम।
दिल पुकारता है अदाकार हो तुम।

जहां की उल्फत फकत माया है।
सच्चे मोहब्बत के तलबगार हो तुम।

अब मान लो वो अजनबी ही था।
सबसे बताते फिरते हो कुर्बान हो तुम।

अब्दुल हो कोई भी यारों सा नहीं होता।
शराफत भी लुट गई और गद्दार हो तुम।

याद–ए – उल्फ़त :

चमन में अब तेरी खुशबू नहीं आती।
सारे सुगंध आते हैं तेरी बू नहीं आती।

जान अब जाता है कुर्बान जानम पर।
अजब लड़की है अब भी रूबरू नहीं आती।

कब तक सताएगी ये इश्क़ की वहसत।
निगाहें सिम्त तेरे हैं और काबू नहीं आती।

हजारों हुस्न रोज यूँ ख्वाबों में आते हैं।
अजब मख्लूक़ है ऐ यार मगर तू नहीं आती।

मैंने तेरे यादों में बस ख़ाक छाने हैं।
हां जुस्तजू जारी है मगर तू नहीं आती।

हुस्नेआरा हमने तो हद ही कर डाला।
अगर्चे मेरे इस ज़ख्म में खूं नहीं आती।

डरता था अब्दुल तुझे मुश्किल न पड़ जाये।
वैसे तेरी क्या मजबूरी है जो फूं नहीं आती।

आवाज़ -ए -उल्फ़त 2 :

मरयम नहीं जो पारसा ही बन के रहूँ।
गुमां ऐसे ज़माने में कहां तक जाते।

जहां को भाती नहीं है वफ़ा की खुश्बू।
और ये फ़ितरत नहीं है की दगा तक जाते।

जुनु इश्क़ का ग़ालिब है मेरी दुनियां पर।
आब कम था वर्ना हम समा तक जाते।

मेरी दुनियां में अब रात नहीं होती मुर्सद।
वर्ना सोते की रोज़े जज़ा तक जाते।

तेरा इश्क़ ही अब मेरी आजमाइस है।
वर्ना सोचो हम जिन्दा कहां तक जाते।

गरीब बस्ती से किसको यहाँ मोहब्बत है।
काश ये झोपड़ी भी अर्श ए खुदा तक जाते।

मौत आती तो जान से जाता मै भी।
कितना अच्छा था की रूह खुदा तक जाते।

काश ये होता की यादों से जाती जाने।
अब्दुल गर जिस्म से जाते तो वफ़ा तक जाते।

उल्फ़त -ए अदब:

तेरी मोहब्बत का चर्चा करूं मैं।
दीवाना हूँ सो खुद को रुस्वा करूं मैं।

आते जाते हमने कई बहार देखे हैं।
तो क्या सभी से सौदा करूं मैं।

भुला देता है जमाना तेरी उल्फत।
मेरे खुदा किसका भरोसा करूं मैं।

बज़्म सजी जब तक तेरा जिक्र होता है।
ज़ाकिर कोन है बादे बज़्म देखा करूं मैं।

छोटी सी ज़ख्म पर यूं होते हो परेशां।
मसाइब में कैसे सहारा करूं मैं।

ज़माने से मेरी आबरू रखना मौला।
गुनाहों से दमन समेटा करूं मैं।

जब कभी वो देखे तो नजरें झुका कर।
अपने दिल में आप मुस्कुराया करूं मैं।

सोच ये थी वो लौट आये फिर से।
ये उम्मीद रख के दुनिया बसाया करूं मैं।

अब्दुल उनके जैसा कौन है जहां में।
हर लम्हा दिलो जां उनपे निसारा करूं मैं।

ऐतमाद -ए –उल्फ़त :

ज़ालिम को हर हद से गुजर जाने दे।
मज़लूम को रोने दे बिलक जाने दे।

हुदूद टूट गया तो न बख्शा जायेगा।
जालिम है इसे हक़ से सजा पाने दे।

क्यों हरासा है दुनिया के आफत से।
खुदा इंसाफ कर देगा घड़ी तो आने दे।

अभी मौका है इसे न छोड़ ऐ इन्सां।
आदमी है इसे खुद से संभल जाने दे।

इंसानियत आएगी इंतजार करो।
बाद खूंरेजी इसको पिघल जाने दे।

बकौल अहमद साबिर बलन्द होता है।
ऐतमाद कर और कल्ब को ठन्डाने दे।

नहीं है सानी ज़माने में अगर साबिर है।
मान क़ुरान को रब से अद्ल पाने दे।

क्यों तू सोचता है आरइसे आलम।
अब्दुल फ़ानी है इसको न ग़ज़लिब आने दे।

तराना -ए- उल्फ़त:

इस तरह ज़माने ने अफसाना बना कर छोड़ा।
चार दिन के चाहत ने दीवाना बना कर छोड़ा।

नहीं लिख सकते साहब हमसे नामुमकिन है।
आप के लहजे ने यूं तराना बना कर छोड़ा।

ताल्लुक़ तर्क कर बैठे हैं मुद्दत से ज़माने से।
खुदगर्ज़े तेरे चाहत ने जानेजाना बना कर छोड़ा।

तहारत हमने देखी है जहाँ में बहुतों आबिद की।
उन्हें भी जां की चाहत ने मस्ताना बना कर छोड़ा।

हर अशार के अब्दुल कई माने बनते हैं।
ज़माने ने तेरा हर शैर फ़साना बना कर छोड़ा।

वफाओं के किस्से:

कहें तो आप के जुल्फें सवार सकता हूँ।
गर लग जाये तो नजरें उतार सकता हूँ।

बहुत उतावले हो ग़ज़ल सुनने को।
जनाब जिंदगी शब्दो में ढाल सकता हूँ।

जब ख़्याल हो उस दम तेरी हुजूरी हो।
तेरे वफाओं के किस्से निकल सकता हूँ।

भुला के सारा जमाना किधर चले साहब।
गर न ठहरे ख़तरे में डाल सकता हूँ।

दोहाई कौन देगा तेरे बिछड़ जाने पर।
अब्दुल सोचलो सकते में डाल सकता हूँ।

तोहफ़ा -ए -उल्फ़त :

तेरे हर राज ज़माने से छुपाऊंगा नहीं।
यक़ीन मुझपे रख किसी को बताऊंगा नहीं।

तेरे अंदर हसरत है गर हमे पाने की।
हाथ में हाथ दे किसी को बताऊंगा नहीं।

गर तू चाहता है मेरा हो जाए।
जरा हाल पूछ मैं सरमाऊँगा नहीं।

मेरी बात सुन गर लगन है मुझसे।
गर तू यार बने यारी मैं निभाउंगा नहीं।

जी भर जाये तो दिल तोड़ के जा सकता है।
मैं वो बंन्दा हूँ की आह सुनाऊंगा नहीं।

मैं हूँ और तू हो तो डरना मत।
तेरे ज़िस्म पर नियत मैं बहाऊंगा नहीं।

तेरी मर्जी हो तो आज मुझे तोहफ़े भेज।
मगर मजनू का कोई सींन दिखाऊंगा नहीं।

तेरे शहर चला आऊंगा अगर दावत हो।
और इश्क़ में फिर यार सताऊंगा नहीं।

मैं चाहता हूँ सो होशयार हो जाओ।
अब्दुल कदमों में दिल को बिछाऊंगा नहीं।

फ़िदा -ए -उल्फ़त :

क्या जरुरी हर यार जुदा हो जाये।
झूठे लोगों में हसने का अदा हो जाये।

बहुत किया करते हो बातें मोहब्बत की।
खुदा करे न कोई तुम पे फ़िदा हो जाये।

हमारे हसने से बहुत चिढ़ते हो आप।
हादसा ऐसा तुम्हारे साथ भी न हो जाये।

तुम किया करते हो हमेशा चर्चे उनके।
खुदा न करे कभी तुमसे खफ़ा हो जाये।

अब्दुल कितना मनाओगे सांत रह करके।
जो बेलाज़ है उसका क्या क़ज़ा हो जाये।

बहार -ए उल्फ़त :

आगाज से तम्मनाओं में निख़ार आया।
नजरें देखीं और दिल में इक ख़ुमार आया।

मोहब्बत सच्ची होती है परे थे इससे।
मान गए जब देख कर क़रार आया।

जिंदगी लुटा दिया दुनिया के उल्फत में।
उम्मीद जिससे थी उसको न ख़्याल आया।

याद करके हम उसको दुआ करते हैं।
हर दुआ में मेरे सैकड़ो बहार आया।

हर दुआ में अब्दुल सदाए मग़्फ़िरत की है।
दुआ ऐसा न था रब को जो पुकार आया।

उल्फ़त-ए- खुदा :

सुनों नख़रे नहीं चलते।
जो चाहो वो नहीं चलते।

सभी रिस्पेक्ट लेते हैं।
कोई वैसे नहीं चलते।

थोड़ा नफरत भी अच्छा है।
मोहब्बत हर दम नहीं चलते।

मोहब्बत ऐसी दुनिया है।
जहाँ पैसे नहीं चलते।

तुम्हारा नाम आता है।
मगर अब गम नहीं चलते।

क़बूलो आज सारे सच।
यहाँ दामन नहीं चलते।

हमेशा हस्ते रहते हो।
कभी भी नम नहीं चलते।

बहारों से कहो जाकर।
ख़ुशी हरदम नहीं चलते।

यहाँ सब रब की मर्जी है।
अब्दुल के हम नहीं चलते।

हुब्ब -ए -वतन :

फौजियों का सहारा नहीं कोई होता।
इन्हे मुल्क से प्यारा नहीं कोई होता।

हुब्बुल वतनी इन्ही में होती है।
वतन से बाद कर यारा नहीं कोई होता।

भुला सका न जमाना उस लड़ाई को।
बकौल गाँधी हिंसा नहीं कोई होता।

तमाम मुल्की मोहब्बत चमन से रखते हैं।
किसी इक मजहब का इंसां नहीं कोई होता।

जब माँ रोती है कटने पे अपने लख्ते जिगर।
जहां में ऐसा मंजर नहीं कोई होता।

जिस वक़्त ये लड़ते हैं अपने दुश्मन से।
उस वक़्त इनका शानी नहीं कोई होता।

अब्दुल चूमता हूँ मैं उनके जुल्फों को।
जिन्हें देश के सिवा नहीं कोई होता।

दुनिया -ए =उल्फ़त :

तुझको जो पाया मिसाल न पूछा।
कैसा पागल था जो चाल न पूछा।

सभी तो नक्स हुए ऊँची दीवारों पर।
बुरा मैं था जिसका यूं हाल न पूछा।

औरों के आने से आंगन महक जाते हैं।
वो बदनशीब हूँ जिसको ख्याल न पूछा।

तेरे दहलीज़ पे कब तक मैं रहता जेरे नज़र।
सिवा तेरे औरों ने हाल न पूछा।

फूलों के लम्स पर ज़माने ने बधाई दी।
जो मुरझा गए उन्हें भौरों ने भी न पूछा।

करा ली मेहनत ज़माने ने इक सदा देकर।
बादे काम दुनियां ने नाम न पूछा।

अजीब लोग हैं हमको उठा देते हैं।
अब्दुल सो गया सो मक़ाम न पूछा।

बुलाते हो जब पेश तैयारी नहीं होती।
तैयार हो तुम पहले सवाल न पूछा।

हिस्से में जो सवाल थे वो भी उलटे थे।
जवाब चाहिए अब्दुल सवाल न पूछा।

यौम -ए -जम्हूरिया :

यौमे जम्हूरिया है नए जज़्बात रखो।
कौमी दिन है इसको तुम याद रखो।

ज़माने के आरईसों में न खो जाना तुम।
मुल्क सब का है इसका तुम ख़्याल रखो।

नफ़्स के सर पर चढ़ के कदम रखो तुम।
मुल्क में ग़रीब है इसका भी लाज रखो।

भगाओ मुल्क से लूट खोरों को।
मुल्क को बुलंदी दे ऐसी बुनियाद रखो।

यहाँ बादशाहत की न देखो सपने अब्दुल।
मुल्के जम्हूरिया है सब की फर्याद रखो।

उल्फ़त -ए –हैरत :

सूरज को चाँद पे पिघलते देखा।
दिलों को यूं आज हमने जलते देखा।

चमन में बहुत देखे हैं हमने लहराते फूल।
अजब गुल थे जिन्हें आज हमने जलते देखा।

लब यूं सुर्ख़ गोया दहके हुए आग।
खेजा़ के आलम में बहार को बहते देखा।

कभी इश्क़ के जज़्बे थे इस दारे फ़नी में।
तमाम लोगों को ये बात भी कहते देखा।

छू गई कल्ब जो उठी समां से लौ।
यूं भड़की आग की परवाने को जलते देखा।

तिस्नगी -ए -उल्फ़त :

पर फड़फड़ाना हमने भी सीख लिया है।
तिनके उठाना हमने भी सीख लिया है।

कर क्या सकते हो उजाड़ कर आस्यां मेरा।
घर बनाना हमने भी सीख लिया है।

कतरे के लिए हमे न तरसाओ।
दिन हमारे भी आएंगे यूं न घबड़ाओ।

ये तिस्नगी हमसे न होगी बर्दाश्त।
दरया बहाना हमने भी सीख लिया है।

जमाना अब हमारा क्या बिगड़े अब्दुल।
रब को मनाना हमने भी सीख लिया है।

जज़्बात -ए -उल्फ़त:

बादलों सा दिल तेरा और वो नरगिसी आँखें।
सामने थे हर पल और न बुझी प्यासें।

दूर है मुझसे कोई फर्क नहीं पड़ता।
वो भी क्या रात थी जब करीब थी साँसे।

सुर्ख दिल थे तेरे और सुर्ख भी था लिबास।
तक़दीर उनका बना जिनके साथ थी साथें।

इल्म की बात है तो कसरत करो इस पर।
यहाँ वो चमका है जिनमे थीं ज़ज्बाते।

कदीम जमाने से सुनते आये हैं।
अब्दुल अच्छा है अगर न करे बातें।

क़ुसूर -ए -उल्फ़त :

क्यों बोलने पर हमे मजबूर करते हो।
ज़हालत बकते हो और फ़तूर करते हो।

उस्ताद हो वर्ना अभी बताते हम।
कितने पारसा हो और क्या नूर करते हो।

सुनते हैं आप आलिम हैं जनाब।
जाहिल होने की बात मशहूर करते हो।

जहां में कोई बड़ा है तो मेरा आका है।
उनके दुश्मनो को तुम यहाँ पुरनूर करते हो।

अब्दुल मानते हैं रब ने तुम्हें जहानत दी है।
बंदे हो और बन्दों को उससे दूर करते हो।

इंकार -ए उल्फ़त :

यार अगर हम भी मोहब्बत नहीं करते।
मालूम है की तुम भी क़यामत नहीं करते।

भटक ही गए थे तो हसना नहीं चाहिए।
दीवाने थे तो हमपे तुम्हें मरना नहीं चाहिए।

तुम्हारा दर्जा था और तुम्हारे वहां थे लोग।
हम अजनवी थे यार बिसरना नहीं चाहिए।

हमारा नाम भी दुनिया को भाता नहीं मुर्सद।
बिगड़े थे गर फिरसे सुधरना नहीं चाहिए।

हसना है जितना हसलो मेरे ख्याल में।
अब्दुल दिल से यूं भी उतरना नहीं चाहिए।

निज़ाम -ए -उल्फ़त:

ये आसमां भी दिल को लुभाता है कब से।
है जमीर हैरत में ये दिल जलाता है कब से।

मौसम ऐसी सुहानी है कह नहीं सकते।
सुबहे सादिक़ है ये दिल को भाता है कब से।

बदल बदल के रंग यूं खूबसूरत दिखता है।
हबीब आओ तुमको बुलाता है कब से।

पलक झपकते ही रंगों में तब्दील हुआ।
हजारो रंगों से दुनिया सजाता है कब से।

हुजूम है फ़िजा में हर सिम्त इन परिंदों की।
ख़ुशी में उनके आने के आश्याँ बनाता है कब से।

निजाम खुद नहीं चलता चलाया जाता है।
खुदा अपने जलवों को देखो दिखता है कब से।

एक इश्क़ करने में कई मुद्दत गुजरते हैं।
अब्दुल अपने उल्फ़त में कलियां खिलाता है कब से।

महफ़िल -ए -उल्फ़त :

ये न पूछो कैसे सराफत याद आता है।
तुम को देखता हूँ तो मोहब्बत याद आता है।

धड़कन नहीं चलती जो तुम नहीं मिलते।
कुछ कह नहीं सकते बगावत याद आता है।

लगन तुमने लगाई है इसमें मेरी क्या गलती।
तुम से रूठ कर जाने पे वक़्त बर्बाद आता है।

तुम्हारे रूठ जाने से चमन उजड़ा सा लगता है।
समझाएं कैसे तुझे जाना वो आना याद आता है।

भरे महफ़िल में आपने रुस्वा ही कर डाला।
अब हम मिल नहीं सकते वो जाना याद आता है।

जो हो गया ऐसा पहला फ़साना था।
जो गा नहीं सकते वो गाना याद आता है।

सर्म के मारे थे मोहब्बत नहीं किया।
तेरा देख कर हसना हसाना याद आता है।

यहां का काम करना भी यार जिम्मा हमारा है।
मगर यूं डाट कर जाने को कहना याद आटा है।

जान देने का मतलब यहां सबको दिखाना है।
मगर अब्दुल तेरा लिखा तराना याद आता है।

उल्फ़त -ए -पोशीदगी:

समीर चल गया रोम मुस्कुराएंगे।
है सख्त उमस मगर याद तेरे आएंगे।

तुम्हारे यादो को कब तक रखें पोसीदा।
ये दुनिया है अब और बचा न पाएंगे।

तेरे चलने से हमे फ़ायदा क्या है।
तेरी मौजूदगी बर्दास्त कर न पाएंगे।

सारी दुनिया का बहार देखें क्या।
मिलता नहीं है करार क्या पाएंगे।

प्यारे जीने के ये बहाने क्या हैं।
जो रूठ गए अब्दुल मना न पाएंगे।

दीवान -ए -उल्फ़त :

खामोश हैं तो खुद की हिफाजत नहीं करते।
ये जानलो हम सबसे मोहब्बत नहीं करते।

जी चाहे तो डूब जाओ मेरे नजरों में।
दीवाने हैं कभी इश्क़ से नफरत नहीं करते।

वैसे आप क्या सोचते हैं हमारे बारे में।
हम वो हैं जो गैरों से हसरत नहीं करते।

इश्क़ की थी हमने तमासा नहीं किया।
उल्फ़त में कभी दर्द से वहसत नहीं करते।

कब तक मरेंगे भूखे हिंदी चमन के फूल।
अब्दुल यहाँ अमीर भी गैरत नहीं करते।

निखार -ए -उल्फ़त :

किसी के दिल से उतर गया हूँ।
यानि कहीं मैं मर गया हूँ।

नहीं मिलूंगा मैं किसी को।
जाने कैसे बिसर गया हूँ।

सोचा वजूद पे हाथ रख दूँ।
मगर फिर मैं डर गया हूँ।

वादा जो किया था मैंने उससे।
सबसे पल में मुकर गया हूँ।

हुसैन ज़माने में आके देखो।
यजिदों सा मैं बदल गया हूँ।

हमने उससे इश्क़ किया था।
आज उसी में ढल गया हूँ।

चाहेगा वो हमारी उल्फ़त।
ऐसा चाल मैं चल गया हूँ।

नये फूल में रंग आया।
मैं भी उससा निखार गया हूँ।

हजारों उल्फ़त किया था मैंने।
अब्दुल देखो न तर गया हूँ।

सैदा -ए -उल्फ़त:

हम तन्हा नहीं रहते।
गर तुम भी नहीं रहते।

ये तो अपनी खराबी है।
वर्ना हम क्या नहीं रहते।

हमे चाहत ने मारा है।
वर्ना ऐसा नहीं रहते।

महबूब तेरे बहो में।
कभी अच्छा नहीं रहते।

हम तुम से दूर हैं फिर भी।
बहुत यकसां नहीं रहते।

तुम्हारी याद आती है।
मगर सैदा नहीं रहते।

मुझे वो देखते हैं तो।
कभी हस्ता नहीं रहते।

उन्हें मुझसे मुहब्बत है।
मगर मुझ सा नहीं रहते।

वो मुझसे दूर जाकर भी।
अफ़सुर्दा नहीं रहते।

अदावत न किया होता।
तो हम क्या क्या नहीं रहते।

कुर्बान -ए -उल्फ़त:

गलती की है सो तार जाने दो।
कहके सच हमें भी हार जाने दो।

अंदाज अच्छा है मगर यार मेरे।
इस तरह न रूठो हमे दीदार पाने दो।

आप का मुस्कान बहुत अच्छा है।
न रोको हमें यार पे कुर्बान जाने दो।

क्या कहते हो यार ये होता क्या है।
मिलता है क्या मजा हमे पहचान जाने दो।

चाहत रखते थे तो बताया होता।
अब्दुल ख़त्म हुआ अरमान जाने दो।

गिरफ्तार -ए -मोहब्बत:

गधे हैं पागल हैं नादान हैं हम।
बिखरे चट्टानों के मैदान हैं हम।

हम तेरे उल्फ़त को समझ क्या पाएं।
इस तरह मोहब्बत में गिरफ्तार हैं हम।

ज़न्नत हो दोज़ख हो भला क्या हो तुम।
यार तेरे अदाओं पे निसार हैं हम।

मरने के बाद हमको ढूंढेगा ये जहाँ।
जिन्दा हैं तो ज़माने के तलबगार हैं हम।

हाथ जोड़ तुम्हें आना पड़ेगा मरक़द पर।
अगर जिन्दा हैं अब्दुल तो गमख्वार हैं हम।

महॉल -ए -उल्फ़त :

ऐसा न हो कही मैं मर जाऊं।
सोचता हूँ इससे पहले कुछ मैं कर जाऊं।

जमाना उफ़ न कहे बाद मरने के।
मेरे ख़ुदा इस तरह मैं सुधर जाऊं।

बहुत की है मोहब्बत दुनिया दारो से।
रसूले आजम से कुछ इश्क़ मैं भी कर जाऊं।

वो मुझको इस तरह से छोड़े मुर्सद।
गिर के टूटूं और फिर बिखर जाऊं।

जो हर बात पे लब्बैक कहा करते थे।
उन्हों ने कह दिया है दिल से मैं उतर जाऊं।

उतार लो जनाब अपने नमगीर फिर से।
कहीं ऐसा न हो फिर से मैं बिगड़ जाऊं।

अब उल्फतों का तशरीह हमसे न होगा।
जाने किस लफ्ज़ से ऐ सक्श मैं चीघड़ जाऊं।

आधे रस्ते में काफिले ने छोड़ दिया।
कहां रोऊं जाकर हाय मैं किधर जाऊं।

अब्दुल तेरे इश्क़ को सलाम मेरा।
हमें इतना बता कैसे लौटूं कैसे घर जाऊं।

कश्ती-ए -उल्फ़त :

छोड़ा था तुम को तब तुम नहीं थे तुम।
आज हमने जाना है खुश्बू नहीं थे तुम।

हमने बाकी रक्खी है तेरी निशानियां।
लोग कह रहे हैं कोई हस्ती नहीं थे तुम।

पागल बना फिरता था तुम्हारे बगैर क्या।
मैं खड़ा था साहिल पे कस्ती नहीं थे तुम।

मेरे उल्फतों में उसने जिहालत नहीं पाई।
इस बात से वो कहते हैं अच्छे नहीं थे तुम।

हमें लग रहा है औक़ातें नहीं चलती।
अब्दुल चेहरा ढककर जब से गए हो तुम।

शराब -ए -उल्फ़त:

क्या बात है की रोज गुलाबी नहीं होते।
अब तो तेरे उड़ान उकाबी नहीं होते।

तेरे लगन में मुर्सद हारेंगे अपनी जान।
उल्फ़त में तेरे यार बेताबी नहीं होते।

अब तेरे उल्फ़त में तहारत नहीं दिखता।
बस बिखरे हैं तेरे बाल शराबी नहीं होते।

हमने तुम्हारे याद में कश्ती डुबाये हैं।
मछलियां देखी हैं जो आबी नहीं होते।

जा कर उनके चौखट पर लौट आये थे।
वो कहते हैं अब्दुल रकाबी नहीं होते।

तलबगार -ए -उल्फ़त :

हमको तो सरे मुल्की स्वीकार नहीं थे।
सुनते हैं तेरे शहरी अदाकार नहीं थे।

मुछ कर गए जनाब सारे बाज़ार को।
और कहने लगे मुझ से ख़रीदार नहीं थे।

दिन रात मैं तकता रहा उन्हें एक नज़र से।
इक लफ्ज़ में वो कह गए दिलदार नहीं थे।

कब से खड़ा था मैं भी समाअत के वास्ते।
तुम कह रहे हो सुनने को तैयार नहीं थे।

यूं तो गरीब मर गया भूखों के मार से।
जहां के लोग कहते हैं खुद्दार नहीं थे।

तेरी इजाजतों के बगैर ऐ मेरे रफ़ीक़।
तेरी मोहब्बतों के तलबग़ार नहीं थे।

हमने मोहब्बतों में क्या क्या नहीं खोया।
अब्दुल हमको कहते हो हक़दार नहीं थे।

उल्फ़त -ए -गज़ल :

हमने तो नहीं की थी मोहब्बत ज़माने से।
वो देखते भी कहां थे हमको बहाने से।

हम हसरतें लेकर कभी सज्दा नहीं करते।
वो सोचता भी रहता है हमको गवानें से।

जिस रस्ता आये हैं वो रास्ता पुराना है।
उनको फ़र्क पड़ता अब मेरे भी जाने से।

वो यूं नहीं जीते हैं मेरी मोहब्बत में।
उनको डर लगता है मुझको भुलाने से।

चाहत ने उनके मुझे हैरान किया था।
अब्दुल इस तरह उतरे हैं उल्फ़त के सीने से।

उल्फ़त -ए- कर्ब :

ये मुझ से हो नहीं सकता।
मैं तुम को खो नहीं सकता।

बहुत यादें सताती हैं।
मगर मैं रो नहीं सकता।

तुम्हारे कर्ब में जाना।
मैं तन्हां हो नहीं सकता।

यार कब से जुदा हैं हम।
शिकायत हो नहीं सकता।

उल्फ़ते अब्दुल मेरी हसरत।
मैं तुझ बिन सो नहीं सकता।

इश्क़ -ए -रब्बी:

ये कह रहे हैं अब तो इलाही नहीं रहा।
है बद्दुओं का सोच खुदा ही नहीं रहा।

ये डर रहे हैं जां में हल्के बुख़ार से।
कह रहे हैं हस के वफ़ा ही नहीं रहा।

अपने खुदाये हाक़िम को इंकार करते हैं।
फिर कह रहे हैं रोकर सिफ़ा ही नहीं रहा।

रब के करम का तुमको जरा भी नहीं एहसास।
लब पर नहीं है नाम क़ज़ा भी नहीं रहा।

जनाब आप के सोच से बारात करते हैं।
धड़ल्ले से कह रहे हैं अता भी नहीं रहा।

बज़्म -ए -उल्फ़त :

चंद लम्हों के लिए यार सितम बोलता है।
मैं खामोस रहता हूँ तो करम बोलता है।

जहां लोगों पर बरवक़्त सितम होता है।
फिर शेर के लहजे में नरम बोलता है।

हर हुदूद का रहना बहुत जरुरी है।
जमाना तेरे मोहब्बत में जखम बोलता है।

क्या जरूरी है की उनकी आमद हो।
गम खा खा कर ऐसे सनम बोलता है।

अब्दुल से बनना भी उन्हें महंगा पड़ा।
वो कहते हैं हस के की नजम बोलता है।

तमाशा -ए -उल्फ़त :

जो लोग सामने से गुजर जाते थे।
देखते देखते वो तैस से मर जाते थे।

जो लोग खड़े रहते थे हाथ बंधे हुए।
उसके सामने जरों से बिखर जाते थे।

जहां जिसको बुरा समझता मुर्सद।
गलिये जाना से जाते ही सुधर जाते थे।

जनाब ये कैसा तमासा करते हो।
वादा करते हो खुद ही मुकर जाते थे।

ज़रा बताओ कहीं मिस्ले अब्दुल देखा।
बात करते और बातों में बदल जाते थे।

अरमान -ए -उल्फ़त :

जो किया तुम से किया तुम जान हमारे लगते हो।
धोखा दिया और छोड़ गए अनजान हमारे लगते हो।

तुम्हारे यादों में जीना ये सब के बस की बात नहीं।
हम जीते हैं तुम्हें देख देख तुम प्रान हमारे लगते हो।

मौसमे सरमा कितना सताए मेरे बरहना तनमन को।
यार कैसे बतायें मनमर्जी तुम शान हमारे लगते हो।

तुम्हारे यादों की खिचड़ी मन में हर दम पकती है।
ढूंढ के लाई है सर्द हवा अहसान हमारे लगते हो।

तेरे ख्वाब में रात और दिन हमने ढलते देखे हैं।
क्यों कर न बताएं दिलरुबा अरमान हमारे लगते हो।

अब तक जो भी जिए हैं अब्दुल तेरी ही चाहत में।

उल्फ़त -ए -अयाँ:

तुम्हारे नाम का मतलब पारसा होना।
अजीब है ही रखने वाले से खता होना।

नर्गिसी आँखें और ये हसीं आरिज़।
फ़ख्र करते हैं तेरे हुस्न पर अयाँ होना।

मोहब्बत हम भी रखते हैं और ज़माने से।
मगर मुश्किल है इस बात का बयां होना।

हमारे इश्क़ में बीमार रहे बरसों से।
मैंने तो छोड़ दिया अब तवां होना।

मिस्ल हमारे अदा करते हो जनाब।
अच्छा लगा आप से वफ़ा होना।

मुड़ मुड़ कर यूं बार बार ताकना तेरा।
गरीब बस्ती पे आप ही फ़िदा होना।

मेरे हुज़ूर में चलना और थक जाना।
पड़ा ना महंगा अब्दुल से ख़फ़ा होना।

पुकार -ए -उल्फ़त :

जा चुके हैं मोहब्बत के ज़माने यारों।
रो रहे हैं अब इश्क़ के मारे यारों।

सुनो अब वापस नहीं आएंगे मुर्सद।
इस तरह गुजरे हैं गम के गुजारे यारों।

इस महफ़िल में अब कोन बैठेगा।
होते नहीं अब इश्क़ के शाये यारों।

उनके उल्फ़त को और क्या दे हम।
ये कम है सुधरते नहीं सुधारे यारों।

तुम्हारी बाजी है ज़रा ख़ाली रखना।
नहीं संभलेगा ये इश्क़ संभाले यारों।

लौट आये फिर से दिल जलाने को।
बगैर तकलीफ़ होते नहीं नज़ारे यारों।

अब्दुल न पीना भी इक नशा है यहाँ।
पीते वर्ना हम भी बिना पुकारे यारों।

हद -ए -उल्फ़त :

सच बता रहे हो मोहब्बत नहीं समझे।
वो!अच्छा तुम मेरा हसरत नहीं समझे।

मुझे लग रहा था अब जान जायेगा।
मान कैसे जाएँ बगावत नहीं समझे।

लोग कह रहे हैं अब तेरे शहर में।
इतने पागल हो गए नफरत नहीं समझे।

मैं कब से चाहता हूँ समझो यार तुम।
कितना जतायें जरा भी उल्फत नहीं समझे।

गुल हो या और कुछ हास्के बताओ ना।
डूबे हैं इस तरह की हरकत नहीं समझे।

औरों का याद आये तो खलता नहीं जनाब।
इस दर पे तुम आये तो हद तक नहीं समझे।

इतना किया है प्यार जाता भी नहीं सकते।
तुम फूनो पे पूछते हो अब तक नहीं समझे।

अब्दुल हमारे दोस्तों ने हमको ये बताया है।
वो जान का दुश्मन है तुम क्यों नहीं समझे।

गलतफहमियों के बाद दोबारा किया था इश्क़।
अब्दुल ऐसे जाते हो घर तक नहीं समझे।

अश्क़ -ए -उल्फ़त:

दोस्त यार ये अपने कहां खो जाते हैं।
मुसीबतों में अपने कहां सो जाते हैं।

ख़ुशी आई तो लोग साथ साथ चले।
गम बढ़ता है तो लोग कहां जाते हैं।

तमाम उम्रें गुजारेंगे हम भी हस कर।
दूर जाना हो तो यार भी रो जाते हैं।

जो भी आया दर्ज़ कर दिया हमने।
अश्क़ बहते हैं कल्ब भी धो जाते हैं।

सब देकर इक प्यार ही माँगा अब्दुल।
सबा यूं चली चराग़ के लौ जाते हैं।

मक़सद -ए -उल्फ़त :

यार हद से ज़्यादा मोहब्बत तुम्हीं से है।
जीने और मरने की हसरत तुम्हीं से है।

रोज आते जाते हैं तेरे शहर से।
क्यों बताएं आने का मकसद तुम्हीं से है।

सुना है तुम को है अमनो अमां का सौक।
हर साँस दिल धड़कना ये कुर्बत तुम्हीं से है।

दिल दे चुके हैं तुमको मानों मेरे रक़ीब।
जब से पता चला है कि चाहत तुम्हीं से है।

हम भी गाने लगते हैं नग़मे मोहब्बत के।
अब्दुल मचल उठता है उल्फ़त तुम्हीं से है।

सौक -ए -उल्फ़त :

खून आँखों में उतरे जीवन साद हो जाये।
जिंदगी सुधर नहीं सकती है तो बर्बाद हो जाये।

गुनाहे रुकती नहीं रोकने के बाइस मौला।
किसी मशीन का जहान में इजाद हो जाये।

अपनी सिकवा सुनाएं किसे जा कर मुर्सद।
काश मेरे रब से मेरी ये फर्याद हो जाये।

गुनाहें रोज करते हैं मगर हसरत नहीं जाती।
गर बचना भी चाहूँ तो गुनाहें याद हो जाये।

खतायें करते हैं जनाब और ये सौक रखते हैं।
अब्दुल खुश रहे और मेरा दिल भी साद हो जाये।

मुबारक़बादियां उनको जो हसने के आदी हैं।
हम अपने मुकद्दर को कहेंगे राख़ हो जाये।

पहाड़े काट आये हैं ये इन्सां की कुव्वत है।
होगी इब्लीस की हरकत हम भी राख़ हो जाये।

अल्फ़ाज़ -ए-उल्फ़त:

क्या लिखें जब याद नहीं आता हमको।
तुम्हारे इश्क़ पे एतमाद नहीं आता हमको।

ये सच है हमने कभी देखी न किताब।
कैसे करते हैं फर्याद नहीं आता हमको।

इम्तिहां गाह भी अजब मंज़िल ठहरा।
नकल सा झंझट फ़साद नहीं आता हमको।

देना पड़ा तो दे देंगे कोरा कागज़।
झूठ कहने का अल्फ़ाज़ नहीं आता हमको।

अब्दुल सख्तियां लगा दो तुम मेरे दर्ज़े में।
इन चीजों से कबाहत नहीं आता हमको।

लहज़ा -ए -उल्फ़त :

है जरूरत तो याद कर लिया जाये।
दुश्मनों से भी फर्याद कर लिया जाये।

गैर देखे अब चैन कहां आता है।
दिल कहे तो एतमाद कर लिया जाये।

आप की हर दुआ मक़बूल होगी मुर्सद।
जां के उल्फ़त से बारात कर लिया जाये।

जहां के चाहत में बेहद सताया जाएगा।
पहले खुदको संगलाक कर लिया जाये।

जमीं को डांटना जेब तुम्हें तब देगा अब्दुल।
पहले लहज़े को अफ़लाक कर लिया जाये।

दावत -ए -उल्फ़त :

हस्बे मामूल ज़माने से मोहब्बत कर लूँ।
बेवफाओं से फिर से मैं रग़बत कर लूँ।

मुस्कान हो हसना या फूल का खिलना।
जरा सोचो किस किस से मैं चाहत कर लूँ।

लौट के फिर वो कहते हैं इधर आओं ना।
रोज आनी है क़बूल कैसे ये दावत कर लूँ।

बगैर पूछे वो लगन लगाए बैठे हैं।
हया आती है कैसे मैं बगावत कर लूँ।

रुख़्सारे शमा गर देखनी हो हसरत से।
सदाए कल्ब है पहले मैं तहारत कर लूँ।

फ़क़त सोचा और मुअम्मा बना दिया दिल ने।
मुसलसल सोच है सोचने की आदत कर लूँ।

अब्दुल नहीं मगर आप तो कह सकते हैं।
वो मुसाफ़िर बने और मैं कयादत कर लूँ।

इल्तिज़ा -ए -उल्फ़त :

या नबी ये गुनाहे नहीं छोड़ी जाती।
चश्म नम हैं ये आहें नहीं छोड़ी जाती।

खुदा के फ़जल से हमने अदा किये हैं फ़र्ज।
बावज़ूद इसके ये राहें नहीं छोड़ी जाती।

देखे हैं बहुत कुरान की तिलावत करके।
मगर रब से बगावत नहीं छोड़ी जाती।

हम पैदा हुए थे सदक़े में तेरे आका।
पर हम से निफ़ाक़त नहीं छोड़ी जाती।

मोहब्बत हमने जताये हैं बड़ी मुद्दत से।
गुनाहे गर्चे हैं इनायत नहीं छोड़ी जाती।

वो मदीना जिसे कहते हैं नूर का जीना।
इन नजरों से वो जीनत नहीं छोड़ी जाती।

भटकता ही रहे तेरे दर का ये गुलाम।
देखते देखते हसरत नहीं छोड़ी जाती।

माना ज्यादा हैं गुनाहे ज़माने से।
रहमते आलम की रहमत नहीं छोड़ी जाती।

अब्दुल इस आलम में हम पुकारेंगे महशर में।
भला इस हाल में ये उम्मत कहां छोड़ी जाती।

मसरूफ़ -ए -उल्फत :

इनायत हो गई हद तक इनायत क्यों नहीं दिखती।
हसरत हद से ज्यादा है हसरत क्यों नहीं दिखती।

मोहब्बत झूठी दुनिया है अब मैं साफ़ कहता हूँ।
उल्फ़त गर हक़ीक़त है तो उल्फ़त क्यों नहीं दिखती।

हसने हसाने के ज़माने जा चुके मुर्सद।
गर हसना ही चाहत थी तो चाहत क्यों नहीं दिखती।

यहां रिश्ते बनाने में लम्बे वक़्त लगते हैं।
हाथें छुड़ाने में ये मुद्दत क्यों नहीं दिखती।

सीना चाक करदो और दिल भी अता कर दो।
यहां के दर्द मंदों को ये दर्द क्यों नहीं दिखती।

लोग अपने अपने काम में मसरूफ़ रहते हैं।
यहाँ गर्जमंदो की शिकायत क्यों नहीं दिखती।

हुनर होना लाजिम है मगर इतना नहीं अब्दुल।
कोई जान से जाये सराफत क्यों नहीं दिखती।

क़द्र -ए -उल्फ़त :

हद से गए वो इस तरह बहार बन गए।
मददगार की तलब थी जांनिसार बन गए।

उसने सराफतों की जनाज़ा निकाल दी।
थोड़ी सी हुई यारी और करार बन गए।

उससे जानोदिल से मोहब्बत थी इस कदर।
डिग्रियां हज़ार लेके भी ग्वार बन गए।

ऐसे तन्हा जान पे हसरत को डाल दी।
नाजरीन देखते रहे निगार बन गए।

उसने मोहब्बत की कस्ती डूबा डाली।
अब्दुल लगन लगाई और सुतार बन गए।

इस तरह तेरे उल्फत की बंसी बजायेंगे।
लोग कहने लगेंगे यार तुम सुतार बन गए।

जो कह रहे हो यार हक़ बात ही सही।
अब्दुल मानेंगे हर बात जो तुम्हार बन गए।

इश्क़-ए रूपोश :

क्यों ख़ामोश रहते हो।
हमातंगोस रहते हो।

तकते हो नजर भर के।
दिले बर जोश रहते हो।

अमल परियों सा करते हो।
क्या फ़िरदौस रहते हो।

शिकायत में लिखा है की।
बड़े सरगोस रहते हो।

मोहब्बत अपनी चाहत थी।
हमारी दोष रखते हो।

हसरत इतनी है जैसे।
बड़ा ही सौख रखते हो।

जिंदगी बिगड़ी है साहब।
खुदही से दोस्त रहते हो।

वहां हस्ते हुए आना।
जहां का होश रखते हो।

रहा कुछ गम नहीं अब्दुल।
मगर रूपोश रहते हो।

उल्फ़त -ए -बेबाक :

जालिम से फ़रयाद नहीं करते हैं।
भूल जाते हैं तो याद नहीं करते हैं।

जहां वालों के झूठे चाहत में।
वक़्त अपने बर्बाद नहीं करते हैं।

गर डूबते हैं तो डूब जाने जो।
हम आपनो से हिसाब नहीं रखते हैं।

सौख है जहान को गुलसन बनाएंगे।
मगर जर्रों को अफ़लाक नहीं करते हैं।

लगन भी यारों ज़माने में क्या कहानी है।
अक्सर उल्फतें सरशार नहीं करते हैं।

अपने बने और लोग ईजाएँ भी दे गए।
मगर हम सिकवाए बेबाक़ नहीं करते हैं।

क्यों किसी का कल्ब छलनी करें अब्दुल।
काम उनके हैं जो एत्तिहाद नहीं करते हैं।

असरात -ए -उल्फ़त :

उल्फ़त हो तो अफ़लाक नहीं लिखे जाते।
अश्क़ बहते है जज़्बात नहीं लिखे जाते।

हम झूठे हैं तुम्हारी ये कहनी है।
सच्चे होते तो बात नहीं लिखे जाते।

तुम्हारे शहर की ये हर गली बताती है।
सूखा पड़ने पे बरसात नहीं लिखे जाते।

आप के चाहत का अंदाज बहुत अच्छा है।
मगर हसरत के औसाफ़ नहीं लिखे जाते।

हिना जब सूख जाती है काफूरी होंटो पर।
जो दिल के बनते हैं हालात नहीं लिखे जाते।

अँधेरा भूल गया हूँ तुम्हें जो देखा है।
क़ौल औरों की अफ़वाह नहीं लिखे जाते।

महज़बीं हो या सरापा माहे रू हो तुम।
जो दिखते हैं असरात नहीं लिखे जाते।

है आवाज़ या सुरों की दरया।
इतने सिरीं हैं हरक़ात नहीं लिखे जाते।

मेलें हो और मेलों में तुम अकेले हो।
अब्दुल चश्म तो क्या सांस नहीं लिखे जाते।

उल्फ़त-ए निहां :

हज़ार शायर देखे मगर क्या देखे।
सितम ऐसे बढ़ा की इम्तिहाँ देखे।

अपने ही मुकद्दर को सदा कोसते रहे।
जुनूं उतरता हुआ हमने जाबजा देखे।

सरारत सी सूझी है मगर ये फ़ानी दुनिया है।
क्या बताऊँ खुदा हमने क्या यहाँ देखे।

इक गलती पे उतारा था हमे फर्श के जानिब।
खता मुसलसल किया क्यों नहीं खुदा देखे।

बंदे हैं तेरे और तलबग़ार तेरे हैं।
मुझे मिलाती है कब मेरी वफ़ा देखें।

जलवत में हम भी परसा ही बने थे।
ख़ल्वत कटती है कैसे ये निहाँ देखें।

समां ऐसे बुझाया की धुंआ भी नहीं उठा।
महारत ऐसे हैं कि आप को जहां देखे।

तोबा कर लेना कोई मुश्किल नहीं होता।
इसपे क़ायम हो कितना हम जरा देखें।

हमसे नमाज़े ईद पढ़ाई न जाएगी।
अब्दुल जिंदगी में जाएँ और खता देखें।

बहार -ए -इश्क़:

उल्फत में पहाड़ों के मैदान छोड़ दी।
इस तरह बने फ़लसफ़ी जहान छोड़ दी।

क्यों ढूंढें आलम में हम फिर से हमसफ़र।
अपनों ने ही अपनों पर कमान छोड़ दी।

ऐसी फ़जूल उम्रें हजारों गुज़ार दें।
जिसमें मोहब्बतों ने अरमान छोड़ दी।

ऐसा भी हमें जान से चाहत रहा अब्दुल।
जिस्म साथ न दिया संसार छोड़ दी।

वैसे तुम्हारे लगन से मुतास्सिर ही रहा मैं।
ये बात और लोगों ने मकान छोड़ दी।

कैसे बताएं क्या क्या मुसीबत उठाई है।
जब से गए हो यार तुम बहार छोड़ दी।

अब्दुल शहरी मुसाफिरों से पूछता रहा हाल। .
उसने ख़बर भेजा है की प्यार छोड़ दी।

ताना -ए -उल्फ़त :

देखें जनाब और आँखें बंद कर लिए।
मन ही मन हमको नापसंद कर लिए।

लौट आये थे बस तुम्हारे लिए इधर।
लग रहा था तुम्हें बहुत तंग कर लिए।

माना की बुरे हैं मगर इंसान हैं हम भी।
आप के खातिर खुद से जंग कर लिए।

बाज़ू की तलब थी काशा थम्हा दिया।
उल्फतों यार में कैसा रंग कर लिए।

तुम्हीं से सीखा था हमने जीना और मरना।
अब्दुल ताने दे रहे हो घमंड कर लिए।

जाना तुम्हारे गलियों में फिरते हैं आज भी।
फैलते हो अफ़वाह जिगर ठंड कर कर लिए।

अब्दुल किया जो इश्क़ तमासा बना दिया।
हाँ नजर उठाना हमने भी बंद कर लिए।

जाम -ए -उल्फ़त :

इस तरह बात नहीं की थी हमने।
सिवाए तेरे जज़्बात नहीं की थी हमने।

तू बड़ा कामिल था मेरे उल्फत में।
झूठा समझ कर तो साथ नहीं की थी हमने।

ऐसा लगता है तेरे लहजे से जाम बहता है।
हजार कह गए पर नात नहीं की थी हमने।

मिस्ले चाँद जानिब तेरे झुक कर ताकना।
ऐसी हसीं पर कनात नहीं की थी हमने।

मोहब्बतों में कई जाम पी गए मुर्सद।
ऐसा कभी भी हालात नहीं की थी हमने।

रुखसार ऐसी नजर जम जाए।
अगर्चे आप से दरयाफ़्त नहीं की थी हमने।

पलक ऐसे की झपकें तो रात हो जाये।
दोस्ती ऐसी हरकात नहीं की थी हमने।

वो मुतास्सिर था मेरे आदत से।
मुझे भी हैरत था की घात नहीं की थी हमने।

बहुत देखे थे उनके चाहत में मरते जीते।
अब्दुल फिर भी बारात नहीं की थी हमने।

जानिब -ए उल्फ़त:

इक झलक में वो चाँद नजर आता था।
अजब चाहत था मैं उससे शरमाता था।

होने से लगता था जहां सब कुछ है।
दूर होने पर हमें नींद नहीं आता था।

सामने महशर में जब आप के लिये जाएँ।
पलकें न उठती हों अश्कें भी बहाये जाएँ।

दुआ दिल से है ऐ मेरे सफ़िये महसर।
आशी न देखें सफ़ात ही सुनाये जाएँ।

ये तिश्नगी है बुझाएं जानम।
आगे उल्फत लगाएं जानम।

मर चुके हैं हजारों हम पर।
खुद पे हमको मिटायें जानम।

नहीं भाती है हमको दुनिया।
और हमको न सताएं जानम।

लौटना भी है तुम्हारे जानिब।
जहां से दिल क्यों लगाएं जानम।

सर्बत -ए -उल्फ़त:

फिर उसी गली से गुजर रहा हूँ।
बगैर मारे मैं मर रहा हूँ।

दिखाई न जाती हैं मेरी आहें।
पल पल मैं हस्ती बिखर रहा हूँ।

सुनाई न जाएगी अपनी पुर्सिश।
मैं रफ्ता रफ्ता उजड़ रहा हूँ।

मेरे असवाल में बस उनका सवाल आता है।
इश्क़ करते नहीं फिर क्यों मुहाल आता है।

तुम तो कहते थे आजाद हो मसाइब से।
हमको हैरत है तुम पे ज़वाल आता है।

कतरे कतरे में रुख़सार नजर आता था।
आबे रुख़ या मेरा यार नजर आता था।

इक नजर हमने भी देखी है फूल पर पानी।
लम्स कतरे थे महताब नजर आता था।

शायद फिर कोई औकात मयस्सर होता।
जां सरबतें खेलता संसार नजर आता था।

महक़ हो गुल के या कतरए सबनम हो तुम।
गुले नाज़िस हो या इश्क़ के हरम हो तुम।

पास रहने पर नाम तक नहीं लेते।
दूर रहकर हर लम्हे की कसम हो तुम।

कुरबत -ए -उल्फ़त :

बहुत सोच के सोचा है मोहब्बत ही करूं।
तुम चाहो तो इश्क़ का हसरत ही करूं।

तुम्हारे उल्फत में सब रोज जिया है मैंने।
गर तुम कहदो तो जान से हिजरत ही करूं।

क्या बताऊँ क्या हाल बना जाता है।
ख्याले आप में सो ताल बना जाता है।

मोहतरम आप ने यादों में फ़सा रखा है।
मेरा तबस्सुम भी काल बना जाता है।

हसरत नहीं रखते किसी का गम नहीं रखते।
मोहब्बत छोड़ दी हमने उल्फत हम नहीं रखते।

गर औक़ात मिल जाये तो हमको आजमां लेना।
किसी से दूर हो जाये तो कुर्बत हम नहीं रखते।

सरे बज़्म देखना और ये सराफ़त करना।
हमें अच्छा नहीं लगता है मोहब्बत करना।

चाहत रखता है कोई तो एहतराम है दिल से।
अब्दुल सीखा नहीं ऐसो का हिमायत करना।

इंफरादी लोगों से बरक़त नहीं पाया।
मालूम है हमने सबसे मोहब्बत नहीं पाया।

चाहत जता के हमपे एहसान करते हो।
सुकरे खुदा यार कि रग़बत नहीं पाया।

आवाज़ –ए उल्फ़त :

मेरे आवाज़ ए मोहब्बत जो वफ़ा तक जाते।
मेरा दावा था मोहब्बत में फ़ना तक जाते।

तुमने चाहा हीं कहाँ अहल ए मोहब्बत की तरह।
वर्ना ये दर्द ए मोहब्बत भी दवा तक जाते।

तेरे उल्फत ने बीमार किया है मुझ को।
मेरी हज़रत थी हम यार ए बका तक जाते।

इश्क़ में होकर भी तू दूर रहा मुझसे बहुत।
चलो अच्छा है वर्ना हम खता तक जाते।

तेरी यादें सताती हैं इस मुसाफिर को।
वैसे तेरा साथ निभाने हम कहां तक जाते।

ओ भी कहता है कभी याद किया करता था।
गर ओ कहता तो हम उसके फ़ुग़ाँ तक जाते।

मुर्सद ये मौसम सुहानी लगती है।
निदा गर आता हम भी सदा तक जाते।

बिस्तर -ए- उल्फत :

मुझमे रहते हुए हर शख्स ग्वारा होना।
कितना आसां था ऐ यार हमारा होना।

दिल भी चूर था अपनों के जख्मों से मेरा।
और ऊपर से तेरे उल्फत में ख़सारा होना।

हाँ मैं मरता था जां में फ़लाह के ख़ातिर।
फिर रब के कुदरत से छपरों में गुजारा होना।

शाम गुजरी है ख्यालों में सुबह के अक्सर।
सुबह होते ही सूरज से किनारा होना।

सपने अच्छे थे बचपन के सुहाने वाले।
जवां होते ही हर सै से बेगाना होना।

वो क्या दौर था जब उल्फत की समां रौशन थी।
अच्छा लगता नहीं अब दिल का दीवाना होना।

खुदा के ख़ौफ़ से सारा जहां छोड़ दिया।
रूह चाहती है दुनिया से रवाना होना।

माना इश्क़ जब जवानी से बुढ़ापा आई।
बिस्तर ए मर्ग पे सांसो का तवाना होना।

भटक कर आ गए हम भी जहां से दर दर।
कोई आसां था अब्दुल का पुराना होना।

उल्फत -ए- मंजिल :

हर मोड़ पर मैं आजमाया जाता हूँ।
सबब क्या है जो मैं भुलाया जाता हूँ।

ऐ खुदा मैं कोई अनात हूँ क्या।
जो तेरे जां से मिटाया जाता हूँ।

हर फेहरिस्त से आती हैं कुछ नई बातें।
हर फेहरिस्त से मैं क्यों हटाया जाता हूँ।

हमें आती नहीं है गुफ्तगू करनी।
बस इस वास्ते सब से सताया जाता हूँ।

आम सी महफ़िल में कभी जा न सका।
आज ये हाल है लब से हटाया जाता हूँ।

मैंने माना बचपन से खतायें की हैं।
मतलब ये नहीं मंजिल भुलाये जाता हूँ।

हर मोड़ पर इक अजनबी बना हूँ मैं।
क्या वज़ह है जो सब को मनाये जाता हूँ।

अपने हसरत से हमें डर लगता है।
इस वजह से खुद को सताए जाता हूँ।

आज भी जिन्दा हूँ मगर अब्दुल मैं।
क्या कम है जो ग़म भुलाये जाता हूँ।

आसना- ए-उल्फ़त:

वो हाल पूछा और सवाल बनते गए।
इसी ख्याल में हमख्याल बनते गए।

दिल ने मान लिया उसका कोई मिसाल नहीं।
इसी सबब से वो बेमिसाल बनते गए।

इस दुनिया से मेरा भी कोई नाता है।
ऐसी सोचों से हम निढ़ाल बनते गए।

तुम्हारे यादों से जो हाल है बनी अब तक।
रफ़्ता -रफ़्ता हम भी मिसाल बनते गए।

उसने इस तरह लगाया हुस्न ए सिंगार।
देखते -देखते उनके जमाल बनते गए।

किसी ने कह दिया तुममे कोई कमाल नहीं।
इसी सबब से हम बाकमाल बनते गए।

हाँ हमने भी देखी है चाँद रातों में।
वो ऐसे निकला लैल-वो-नहार बनते गए।

कोई याद दिलाता है आज गुजरी बातें।
किसी के वास्ते फिर से बेहाल बनते गए।

अब्दुल इक गली से निकला था कुछ यादें लेकर।
फिर उसके बाद से मेरे ज़वाल बनते गए।

अहवाल -ए -इश्क़ :

मुद्दतों बाद बेसहारा हो गया हूँ मैं।
अपनों को लगता है अवारा हो गया हूँ मैं।

जिन आसार पे लोगों ने नजरें चुराये हैं।
उन्हीं आसार से रब का प्यारा हो गया हूँ मैं।

कुछ अपनों ने सोचा था अहवाले दिल कहना।
मगर उनको लगता है किनारा हो गया हूँ मैं।

कुछ काम ऐसे हैं जो होते नहीं हम से।
कुछ अश्ख़ास कहते है दिवाना हो गया हूँ मैं।

कुछ ऐसे भी रिश्ते हैं जुबां तक नहीं आते।
और कुछ को लगता है पुराना हो गया हूँ मैं।

कुछ राज की बातें बताऊँ आओ तुमको भी।
इसी इश्क़ के चलते तुम्हारा हो गया हूँ मैं।

निज़ात पाना था अब्दुल ज़माने के वफ़ाओं से।
मगर कुछ यादों से मुर्सद बेगाना हो गया हूँ मैं।

www.ingramcontent.com/pod-product-compliance
Lightning Source LLC
LaVergne TN
LVHW090331210926
848480LV00004B/1376
9798904797683